GEORGE NICHOLAS PAPANICOLAOU

À Pró-Reitoria Acadêmica,
em memória do meu filho e egresso,
Dr. Gibran Antônio Garcia Daher.
Os meus protestos de elevada
estima e consideração.

Silvia Garcia.

BSB, Nov/2017

GEORGE NICHOLAS PAPANICOLAOU

O LEGADO THE LEGACY

Gibran A. G. Daher
Rana S. Hoda

Manole

EDITOR GESTOR: Walter Luiz Coutinho
EDITORAS: Juliana Morais e Cristiana G. S. Corrêa
PRODUÇÃO EDITORIAL: Jane Pereira
CAPA E PROJETO GRÁFICO: Daniel Justi
DIAGRAMAÇÃO: Lira Editorial
TRADUÇÃO PARA PORTUGUÊS: Graziella Risolia Gallo

Dados Internacionais de Catalogação na Publicação (CIP)
(Câmara Brasileira do Livro, SP, Brasil)

Daher, Gibran A. G.

George Nicholas Papanicolaou/Gibran A. G. Daher, Rana S. Hoda; [tradução para o português Graziella Risolia Gallo]. - Barueri, SP: Manole, 2017.

Edição bilíngue: português/inglês.
Bibliografia
ISBN 978-85-786-8253-8

1. Citologia 2. Ginecologia 3. Médicos - Biografia 4. Papanicolaou, George Nicholas, 1883-1962 I. Hoda, Rana S. . II. Título.

16-06013 CDD-610.92

Índices para catálogo sistemático:
1. Médicos: Biografia e obra 610.92

1ª edição - 2017

Editora Manole Ltda.
Avenida Ceci, 672 - Tamboré
06460-120 - Barueri - SP - Brasil
Tel.: (11) 4196-6000 - Fax: (11) 4196-6021
www.manole.com.br | info@manole.com.br

Impresso no Brasil

Este livro contempla as regras do Acordo Ortográfico da Língua Portuguesa de 1990, que entrou em vigor no Brasil em 2009.
São de responsabilidade dos autores as informações contidas nesta obra.

AUTHORIZING EDITOR: Walter Luiz Coutinho
EDITORS: Juliana Morais e Cristiana G. S. Corrêa
PUBLISHING PRODUCTION: Jane Pereira
GRAPHIC DESIGN: Daniel Justi
LAYOUT: Lira Editorial
PORTUGUESE TRANSLATION: Graziella Risolia Gallo

International Data in Cataloging in Publication (CIP)
(Câmara Brasileira do Livro, SP, Brasil)

Daher, Gibran A. G.

George Nicholas Papanicolaou/Gibran A. G. Daher, Rana S. Hoda; [portuguese translation Graziella Risolia Gallo]. - Barueri, SP: Manole, 2017.

Bilingual edition: portuguese/english.
Bibliography
ISBN 978-85-786-8253-8

1. Cytology 2. Gynecology 3. Doctors - Biography 4. Papanicolaou, George Nicholas, 1883-1962 I. Hoda, Rana S. . II. Title.

16-06013 CDD-610.92

Indices for systematic catalog:
1. Doctors: Biography and work 610.92

1st edition - 2017

Editora Manole Ltda.
Adress: Av. Ceci, 672 - Tamboré
06460-120 - Barueri - SP - Brasil
Phone: +55 11 4196-6000 - Fax: +55 11 4196-6021
www.manole.com.br | info@manole.com.br

Printed in Brazil

The authors are responsible for the information contained in this work.

GIBRAN A. G. DAHER

Para as mulheres da minha vida: minha irmã Caroline Garcia Daher, minha mãe Sílvia Garcia, minha avó materna Sônia Garcia e minha avó paterna Loulou Youssef Isaac Daher (*in memoriam*), uma libanesa incrível que nos deixou, vítima de câncer de colo uterino.

RANA S. HODA

Em memória de meus pais, Atiqa e Shafiq Ismail, e para Syed Hoda e Raza Hoda. Dedico este trabalho, também ao exame de Papanicolaou, que é hoje o padrão de cuidado na triagem da doença cervicouterina. O declínio drástico da morbidade e mortalidade no Brasil por doença cervical pode ser atribuído diretamente a esse exame.

GIBRAN A. G. DAHER

To the women of my life: my sister Caroline Garcia Daher, my mother Sílvia Garcia, my maternal grandmother Sônia Garcia and my paternal grandmother Loulou Youssef Isaac Daher (*in memoriam*), an amazing Lebanese woman who left us victim of cervical cancer.

RANA S. HODA

In memory of my parents, Atiqa and Shafiq Ismail, and to Syed Hoda and Raza Hoda. And also to the "Pap" Test, currently the standard of care for screening of cervical disease. The drastic decline in morbidity and mortality in Brazil from cervical disease is directly attributable to this test.

AUTORES

AUTHORS

Gibran Antônio Garcia Daher, Médico pela Universidade Católica de Brasília e Residente em Cirurgia Geral no Hospital Stella Maris, São Paulo, no Programa coordenado pelo Professor Dr. Renato Andretto. Membro da Papanicolaou Society of Cytopathology, da American Society of Clinical Oncology e Membro Residente do American College of Surgeons. Estudou e recebeu treinamento durante sua formação médica em diversas instituições, como I.M. Sechenov First Moscow State Medical University (antiga Moscow Medical Academy), Faculdades Integradas da União Educacional do Planalto Central, New Jersey Medical School, Weill Cornell Medical College da Cornell University, New York Presbyterian Hospital, Memorial Sloan-Kettering Cancer Center e Hôpital Européen Georges Pompidou.

Gibran Antônio Garcia Daher, MD, earned his Medical Degree at Universidade Católica de Brasília and is Resident of General Surgery at Hospital Stella Maris, São Paulo, Brazil, on the Program directed by Professor Dr Renato Andretto. Member of Papanicolaou Society of Citopathology, American Society of Clinical Oncology and Resident Member of American College of Surgeons. He has studied and received training during his medical education in many institutions such as at First Moscow State Medical University (first Moscow Medical Academy), Faculdades Integradas da União Educacional do Planalto Central, New Jersey Medical School, Weill Cornell Medical College at Cornell University, New York Presbyterian Hospital, Memorial Sloan-Kettering Cancer Center and Hôpital Européen Georges Pompidou.

AUTORES

AUTHORS

Rana S. Hoda, Médica, *Fellow* da International Academy of Cytology, é Professora de Patologia e Diretora do Papanicolaou Cytology Laboratory no New York Presbyterian Hospital, Weill Cornell Medical College. Estudou Anatomia Patológica em instituições importantes, como hospitais afiliados ao Cornell University Medical College, além do Memorial Sloan-Kettering Cancer Center, com o Dr. Juan Rosai, e do treinamento em Citopatologia no Montefiore Medical Center do Albert Einstein College of Medicine, todos em Nova York com o Dr. Leopold G. Koss (um contemporâneo do Dr. Papanicolaou e pioneiro em Citologia). Trabalhou no University of Pennsylvania Medical Center, na Filadélfia, foi Diretora de Citopatologia na Medical University of South Carolina, em Charleston, e no University of Rochester Medical Center, em Rochester, Nova York. É certificada pelo Board of Anatomic Pathology and Cytopathology e pela International Academy of Cytology.

Rana S. Hoda, MD, FIAC is Professor of Pathology and Director of the Papanicolaou Cytology Laboratory at the New York Presbyterian Hospital, Weill Cornell Medical College. She was trained in Anatomic Pathology at leading institutions, including Cornell University Medical College, affiliated hospitals, Memorial Sloan-Kettering Cancer Center with Dr Juan Rosai and trained in Cytopathology at the Montefiore Medical Center of the Albert Einstein College of Medicine, all in New York with Dr Leopold G. Koss (a contemporary of Dr Papanicolaou and a pioneer of cytology). Dr Rana Hoda has previously worked at the University of Pennsylvania Medical Center in Philadelphia, served as Director of Cytopathology at the Medical University of South Carolina in Charleston and the University of Rochester Medical Center in Rochester, NY. She is certified by the Board of Anatomic Pathology and Cytopathology and the International Academy of Cytology.

AGRADECIMENTOS ACKNOWLEDGMENTS

GIBRAN A. G. DAHER

Quero expressar minha gratidão àqueles que estiveram próximos de mim e me apoiaram durante os estudos e pesquisa sobre a vida do Dr. Papanicolaou. Obrigado à Dra. Edyta Catalina Pirog, ao Dr. Hélcio Luiz Miziara e à Dra. Rana S. Hoda, que me orientou e me inspirou a prosseguir os estudos em Patologia, e também ao Dr. Paulo J. G. Tubino, que fez de mim um aluno curioso no mundo fascinante da História da Medicina. Agradeço ainda à equipe do Arquivo NYPH, na pessoa da Sra. Elizabeth M. Shepard. Muito obrigado por tornar minha pesquisa possível. Deus abençoe a todos.

RANA S. HODA

Meu sincero agradecimento à Sra. Elizabeth M. Shepard, dos Arquivos Médicos Weill Cornell, por sua profunda assistência com o material relacionado ao Dr. Papanicolaou, e a Maxine Stevenson, por seu apoio na transcrição.

GIBRAN A. G. DAHER

I want to express my gratitude for those who were close to me and supported me during my studies and research of Dr Papanicolaou's life. Thanks to Dr Edyta Catalina Pirog, Dr Hélcio Luiz Miziara and Dr Rana S. Hoda, who mentored and inspired me to develop my studies on Pathology, and also Dr Paulo J. G. Tubino, who made me a curious student in the fascinating world of the History of Medicine. And to the NYPH Archive team, in the name of Ms. Elizabeth M. Shepard, thank you very much for making my research possible. God bless you all.

RANA S. HODA

Sincere thanks to Ms. Elizabeth M. Shepard at the Weill Cornell Medical Archives for her profound assistance with Dr Papanicolaou's archives and Maxine Stevenson for her support with transcription.

PREFÁCIO

por

Dr. Augusto Cury
Psiquiatra, pesquisador de Psicologia, autor de 40 livros publicados em 70 países.

FOREWORD

by

Dr Augusto Cury
Psychiatrist, Psychology researcher, author of 40 books published in 70 countries.

Dr. Gibran Daher é mais do que um jovem médico, é um poeta da Medicina, um profissional competente e apaixonado pela humanidade. Só isso explica porque ele se preocupou em escrever este livro, diga-se de passagem, belíssimo, que, entre outros elementos, contém a biografia de um dos monstros da prevenção do câncer, Dr. George Nicholas Papanicolaou, falecido na Flórida em 02/18/1962, cuja coautora é a brilhante Dra. Rana Hoda, Chefe do Laboratório de Citologia Papanicolaou do NYPH e Professora da Cornell University.

Há vários anos, incentivei Gibran, quando ainda era um estudante, a lutar pelos seus sonhos e a se tornar um Médico que fizesse a diferença no teatro social, dando o máximo possível de si para aliviar a dor dos outros. Ele teve uma formação sólida e tem seguido essa

Dr Gibran Daher is more than a young Doctor; he is a poet of Medicine, a competent professional, and passionate for humanity. That alone explains why he took his time to write such a beautiful book, which among other things tells the biography of one of the greatest legends in cancer prevention, Dr George Nicholas Papanicolaou, who died in Florida on February 18, 1962, with the aid of co-author, the brilliant Dr Rana Hoda, Head of Papanicolaou Cytology Laboratory at NYPH and Professor at Cornell University.

Several years ago, I encouraged Gibran, when he was a student, to pursue his dreams and become a Doctor who makes a difference in the social scene, to give as much as possible to ease the pain of others. He had solid training and has mastered this rule. He has come far, and will certainly achieve much more.

tese com maestria. Foi muito longe e certamente irá muito mais.

O câncer é uma célula egoísta, que se multiplica sem nenhum controle, sugando energia e nutrientes de outras áreas do corpo. Como digo no livro *Gestão da Emoção: Coaching Emocional*, é como um músico que deixa de tocar a sinfonia coordenada pelo maestro, que, no caso, é o metabolismo saudável, e toca sua própria melodia. Quando me formei na Faculdade de Medicina, em 1984, em média, uma pessoa em vinte desenvolvia o câncer. Esperávamos que no século XXI, com o controle de nutrição, tabagismo, alcoolismo, poluição ambiental, pesticidas e outros fatores exógenos, sobrariam, portanto, os fatores endógenos, em destaque a carga genética, o que faria despencar as estatísticas da doença. Talvez teríamos uma em cada cinquenta ou cem pessoas de-

Cancer is a selfish cell that multiplies without any control, sucking energy and nutrients from other areas of the body. Cancer, as I say in the book *Gestão da Emoção: Coaching Emocional* (Emotion Management: Emotional Coaching), is like a musician who ceases to play the symphony conducted by the maestro, that is, a healthy metabolism, and plays his own tune. When I graduated from Medical School in 1984, an average of one in every twenty people developed cancer. We hoped that in the twenty-first century, with the control of nutrition, smoking habits, alcohol consumption, environmental pollution, pesticides and other exogenous factors, only the endogenous factors would need to be treated, especially the genetic load. This would make the statistics of this disease plummet. Maybe we would have one in fifty

senvolvendo o câncer; mas nos enganamos. Hoje, uma a cada quatro ou cinco o desenvolvem, uma verdadeira explosão. Nunca ficamos tão preocupados!

Será que estamos detectando números muito maiores de tumores cancerígenos porque aumentamos a vida média, melhoramos os processos de diagnósticos ou porque estamos expostos a radiações na era digital às quais não estávamos anteriormente? Talvez, mas, sinceramente, não creio que essas explicações estejam completas. Como digo no livro *Ansiedade: Como Enfrentar o Mal do Século*, também são fatores uma mente agitada não gerenciada pelo Eu, que gasta energia inutilmente por meio do sofrimento por antecipação, ruminação de mágoas e perdas, que chafurda na lama das preocupações, cobra demais de si mesma, que devem ser levados em

or one in a hundred individuals developing cancer, but we were wrong. Today one in four or five develop tumors, a true explosion. We have never been so worried!

Are we detecting a greater number of cancerous tumors because we increased the average life span and improved diagnostic techniques, or because we are exposed to radiation in this digital era that was not a problem before? Maybe that is it, but honestly, I do not think any of these explanations are complete. As I mention in another book *"Ansiedade: Como Enfrentar o Mal do Século"* (Anxiety: How to Face the Disease of the Century), factors such as an agitated mind, with a hindered capacity for self-organization, which wastes energy uselessly suffering in anticipation, ruminating hurts and losses, stuck in the mud of concerns, or being too hard on itself,

alta consideração para explicar essa estatística assombrosa.

Tenho, talvez, mais de cinquenta milhões de leitores só no Brasil e muitos outros em diversos países. Meu grito de alerta é que devamos aprender a proteger a emoção, gerenciar a ansiedade, contemplar o belo, relaxar mais, rir de nossa estupidez, apaziguar o fantasma das fobias e dos medos, para não esgotarmos nosso cérebro.

Gerir emoção é ter um caso de amor com a saúde física e mental. Agora dou outros gritos de alerta: invista em todos os procedimentos para prevenir o câncer e leia este livro do Dr. Gibran Daher, para você ter mais possibilidades de cuidar carinhosamente da sua vida. A vida é bela e breve como gotas de orvalho, ter um caso de amor

must also be taken into thorough consideration if we are to explain such astonishing statistic.

I have perhaps more than fifty million readers only in Brazil and many others in various countries, my wake-up call is that we must learn to protect our emotions, manage anxiety, pay attention to what is beautiful, relax more, laugh at our stupidity, tame the ghost of phobias and fears, in order to not exhaust our brain.

To manage emotions is to have a love affair with our physical and mental health. Now, another wake-up call: invest in every procedure to prevent cancer and read this book by Dr Gibran Daher. You will be able to take care of your life even better. Life is beautiful and brief like dew drops, and having a love

com nossa qualidade de vida é um dos maiores desafios de cada ser humano.

Desejo-lhe excelente leitura.

affair with our quality of life is one of the biggest challenges of every human being.

I wish you a wonderful reading.

PREFÁCIO

por

Dr. Paulo Tubino

Cirurgião Pediátrico, Doutor, Pós-doutor e FACS

FOREWORD

by

Dr Paulo Tubino

MD, PhD, Post PhD, FACS

A história do mundo não é mais do que a biografia de grandes homens.
THOMAS CARLYLE (1787-1881)

É impossível entender o presente sem conhecer o passado.
JOHANN WOLFGANG VON GOETHE (1749-1832)

Os padrões das doenças femininas ao redor do mundo estão mudando em função do conhecimento avançado, mudanças nas condições de vida e níveis crescentes de cuidado médico. Este livro reflete os modelos e mudanças com uma pesquisa sobre a história de uma grande personalidade médica, o Dr. George Nicholas Papanicolaou, e a evolução de seu teste, que se tornou padrão para triagem do câncer de colo de útero em todo o mundo.

Trata-se aqui de um desenvolvimento histórico do teste de Papanicolaou desde o seu primeiro trabalho, em 1915, até avanços mais recentes em preparações técnicas de citologia. A ampla experiência

The history of the world is but the biography of great men.
THOMAS CARLYLE (1787-1881)

It is impossible to understand the present without knowing about the past.
JOHANN WOLFGANG VON GOETHE (1749-1832)

The patterns of women diseases throughout the world are changing with advanced knowledge, altering standards of living and rising levels of medical care. This book reflects the patterns and changes with a survey of the history of a great medical personality, Dr George Nicholas Papanicolaou, and the evolution of his test, which became a standard cervical cancer screening all over the world.

A historical development of the Papanicolaou's test is related since his first work, in 1915, until more recent advances in the technical cytology preparations. The large experience acquired by the authors

adquirida pelos autores, com seus trabalhos em laboratórios de citologia e seus conhecimentos sobre os resultados do famoso exame de Papanicolaou, é um testemunho da alta qualidade científica e da segurança clínica de seu trabalho.

O livro é enriquecido por uma documentação fotográfica maravilhosa sobre a vida do Dr. Papanicolaou, seus prêmios, publicações, laboratórios e outros. Foi uma honra ser convidado para escrever este prefácio. Gostei muito de ler este belo trabalho e, afinal, aprendi muito.

with their works in cytology laboratories and their knowledge about the results of the famous Pap test are warrants of the high scientific quality and clinical soundness of his work.

The book is enriched with a wonderful photographic documentation about Dr Papanicolaou's life, awards, publications, laboratories and so on. It was an honor to be invited to write this foreword. I enjoyed very much to read this nice work and, after all, I have learned a lot.

A cada ano, aproximadamente 50 milhões de mulheres são submetidas ao exame de Papanicolaou nos Estados Unidos. Dessas, aproximadamente 3,5 milhões (7%) têm diagnóstico de anormalidades citológicas que requer novo acompanhamento e reavaliação.

Diversos avanços têm sido obtidos na triagem, diagnóstico e manejo do carcinoma cervical, entre os quais a decisão da agência norte-americana FDA (US Food and Drug Administration) em abril de 2014 de incluir o teste de HPV como método de triagem primária do carcinoma cervical pré-invasivo e invasivo, novas diretrizes provisórias para o manejo de pacientes, novas vacinas contra o HPV (*human papillomavirus*) e a atualização do Sistema Bethesda para relato de citologia ginecológica em 2014.
Fonte: 2001 Consensus Guidelines on cervicovaginal cytology, The Journal of American Medical Association 2002; 287:2120-9

Em 1990, 70% dos casos no Brasil foram diagnosticados já com carcinoma *in situ*. Hoje, 44% dos diagnósticos são feitos ainda com lesões precursoras, que podem ser tratadas com sucesso em 100% das pacientes. Em 2011, 5.160 mulheres morreram de câncer cervical no Brasil.
Fonte: Instituto Nacional de Câncer - INCA, dados de 2014.

Each year, approximately 50 million women undergo Pap testing in the US. Of these, approximately 3.5 million (7%) are diagnosed with a cytological abnormality requiring additional follow-up or re-evaluation.

Several advances have occurred in the screening, diagnosis and management of cervical carcinoma including, US Food and Drug Administration's (FDA) in April 2014 of HPV test as the primary screening test for cervical pre- and invasive carcinoma, new interim guidelines for patient management, Newer HPV (human papillomavirus) vaccines and update of the Bethesda System for reporting gynecological cytology in 2014.
From 2001 Consensus Guidelines on cervicovaginal cytology, The Journal of American Medical Association 2002; 287:2120-9

In 1990, 70% of the cases were diagnosed already with carcinoma *in situ*, in Brazil. Today, 44% of the cases are diagnosed when they are still precursor lesions, a condition that can be treated successfully in 100% of the cases. In 2011, 5,160 women died from cervical cancer in Brazil.
From Instituto Nacional de Câncer - INCA, 2014 report data.

PARTE 1

A HISTÓRIA DE PAPANICOLAOU

PART 1

PAPANICOLAOU'S HISTORY

NASCIMENTO E VIDA

George Nicholas Papanicolaou nasceu na cidade portuária de Kymi, na ilha grega de Euboea, em 13 de maio de 1883. Foi o terceiro de quatro filhos de Maria e Nicholas Papanicolaou. Seu pai, médico e político, foi clínico geral, senador grego por um mandato e prefeito de Kymi.

Em 1898, George entrou na University of Athens, formando-se na Escola de Medicina em 1904, quando foi chamado para o serviço militar. Em 15 de agosto de 1906, o Dr. Papanicolaou voltou a Kymi e clinicou com seu pai, mas ansiava por uma carreira em pesquisa científica. Em 1907, partiu para Jena, na Alemanha. Depois se mudou para Friburgo e, mais tarde, Munique, para trabalhar no Zoological Institute, onde recebeu seu Doutorado em Zoologia, em 1910.

BIRTH AND LIFE

George Nicholas Papanicolaou was born in the seaport town of Kymi, in the Greek island of Euboea, on May 13, 1883. He was the third of four children of Maria and Nicholas Papanicolaou. His father, a physician and a politician, was a general practitioner, one-time Greek senator and mayor of Kymi.

In 1898, George entered the University of Athens and graduated from Medical School in 1904, when he was called to military service. On August 15, 1906, Dr Papanicolaou returned to Kymi and practiced medicine with his father, but yearned for a career of scientific research. In 1907, he left for Jena, Germany, then moving to Freiburg, and later once again to Munich to work at the Zoological Institute, where he earned his PhD in Zoology, in 1910.

Na volta de Atenas para Kymi, viajou com a família Mavroyeni. Durante a viagem, conheceu a filha do casal, Mary, casando-se com ela no dia 25 de setembro de 1910.

Em lua de mel em Marselha, o Dr. Papanicolaou recebeu um convite para trabalhar como fisiologista, sendo brevemente empregado pelo Museu de Mônaco, onde teve a oportunidade de trabalhar com o Príncipe Albert I, examinando e classificando amostras marinhas em uma viagem que se estendeu até setembro de 1911. Depois disso, com o início da Guerra dos Bálcãs, ele voltou a ser chamado para o serviço militar em 15 de outubro de 1912.

While returning to Kymi from Athens, he traveled with the Mavroyeni family. During this trip, he met the couple's daughter, Mary, and soon married her on September 25, 1910.

While on honeymoon in Marseille, Dr Papanicolaou was offered a position as physiologist and was briefly employed at the Museum of Monaco, where he did a special work to Prince Albert I of Monaco, examining and classifying marine specimens in a voyage that ended in September 1911. After that, he was called into military service again as the Balkan War began, on October 15, 1912.

A VIAGEM AOS EUA

O Dr. Papanicolaou e sua esposa Mary Mavroyeni Papanicolaou chegaram a Nova York no dia 19 de outubro de 1913, com a quantia de US$ 250 exigidos por lei, e sem amigos ou contatos prévios. Ele não encontrava nenhum trabalho, até que conseguiu ser empregado como vendedor em uma loja de departamentos. Dizem que foi embora no segundo dia, com vergonha de mostrar alguns tapetes a mulheres.

TRAVEL TO THE USA

Dr Papanicolaou and his wife Mary Mavroyeni Papanicolaou arrived in New York on October 19, 1913 with the legally required amount of $250 and without friends or previous contacts. He was unable to find a job, until he obtained one as a salesman for a department store. There is a rumor that he quit the job on his second day, too embarrassed to show some rugs to women.

TRABALHO E VIDA ACADÊMICA NO NYPH-WCMC

Há cem anos, em 1914, o Dr. Papanicolaou começou a trabalhar em meio período como assistente no Departamento de Patologia e Bacteriologia do New York Hospital, que, na época, ficava na rua 16. Em setembro daquele ano, ele foi para a Escola de Medicina da Cornell University e começou a trabalhar como assistente no Departamento de Anatomia.

Ele desenvolveu várias pesquisas científicas e publicou 158 artigos e livros sobre endocrinologia e citologia, comentados nos capítulos a seguir. O Dr. Papanicolaou foi homenageado com o título de Professor Emérito de Anatomia em 1957.

WORK AND ACADEMIC LIFE AT NYPH-WCMC

One hundred years ago, in 1914, Dr Papanicolaou started to work in a part-time position as an assistant in the Department of Pathology and Bacteriology of the New York Hospital, at the time on 16th street. In September of the same year, he came to the Medical School of Cornell University and began to work as an assistant in the Department of Anatomy.

He developed many scientific research and published 158 papers and books on endocrinology and cytology, commented in the following chapters. Dr Papanicolaou was honored with Professor Emeritus of Anatomy in 1957.

PRÊMIOS E RECONHECIMENTO

Durante sua vida profissional, o Dr. Papanicolaou recebeu muitos prêmios e o reconhecimento de várias instituições, alguns mostrados nas imagens incluídas na galeria de imagens deste livro.

Existem boatos de que o Comitê do Prêmio Nobel impediu que o Dr. Papanicolaou recebesse o prêmio de Medicina. Ele morreu de infarto agudo do miocárdio na manhã do dia 19 de fevereiro de 1962, em Miami, Flórida.

AWARDS AND RECOGNITION

During his professional lifetime, Dr Papanicolaou received many awards and recognitions from many institutions, some shown on the pictures at the image's gallery of this book.

There is a rumor that the Nobel Committee prevented Dr Papanicolaou from receiving the Nobel Prize in Medicine. He died of acute myocardial infarction on the morning of February 19, 1962 in Miami, FL.

CURSO DE CITOLOGIA ESFOLIATIVA

Preocupado em relação à capacidade de leitura e interpretação correta do esfregaço, o Dr. Papanicolaou, incentivado pelo Dr. Charles Cameron, da American Cancer Society, promoveu a Primeira Conferência Nacional de Citologia em Boston, em 1948. Ele continuou seus estudos e pesquisas aperfeiçoando o método citológico e treinou outros em cursos com duração de semanas a meses, assistido por sua técnica leal e bastante especializada, Charlotte Street, Bacharel em Ciências,

COURSE OF EXFOLIATIVE CYTOLOGY

Worried about the ability of people to read and correctly interpret the Pap smear, Dr Papanicolaou was encouraged by Dr Charles Cameron from the American Cancer Society to promote the First National Cytology Conference in Boston in 1948. He continued his studies and researches refining the cytological method and trained others in courses that ranged from weeks to a few months, assisted by his loyal and very professional technologist, Charlotte Street, BS, considered to

considerada a primeira técnica em citologia profissional.

O Dr. Papanicolaou publicou o *Atlas de Citologia Esfoliativa* em 1954.

be the first professional cytotechnologist.

Dr Papanicolaou published the *Atlas of Exfoliative Cytology* in 1954.

PARTE 2

DESENVOLVIMENTO DO EXAME DE PAPANICOLAOU

PART 2

DEVELOPMENT OF PAP TEST

PRIMEIRAS IDEIAS EM PORQUINHOS-DA-ÍNDIA

Seu primeiro trabalho científico americano foi publicado em março de 1915, com o título "*Sex Determination and Sex Control in Guinea-Pigs*" (Determinação do Sexo e Controle do Sexo em Porquinhos-da-índia). Durante o desenvolvimento desse estudo, ele decidiu examinar o material vaginal de uma série de fêmeas virgens, pois as noções do período sobre ovulação eram incorretas ou sem nenhum valor prático. Assim, fez observações diárias a respeito da secreção vaginal usando um pequeno espéculo, decidindo mais tarde levar esfregaços vaginais para analisar as alterações microscópicas.

Chegou a conclusões sobre o ciclo estrogênico e a correlação dos padrões de esfregaço com as mudanças no ovário e útero. Em julho

FIRST IDEAS IN GUINEA PIGS

His first American scientific paper was published in March 1915, entitled "Sex Determination and Sex Control in Guinea Pigs." During the progress of this study, he decided to examine the vaginal material of a number of virgin females because the notions of the ovulation period were incorrect or had no practical value. So he made daily observations of the vaginal discharge using a small speculum and later decided to take vaginal smears to assess those microscopic changes.

He drew conclusions about the estrous cycle and about the correlation of the smear patterns with changes in the ovary and uterus. In July 1917, those results were published in *Science* and in September "The Existence of a Typical

de 1917, os resultados foram publicados na revista científica *Science* e em setembro o artigo "*The Existence of a Typical Estrous Cycle in the Guinea-Pig with a Study of its Histological and Physiological Changes*" (A Existência de um Ciclo Estrogênico Típico em Porquinhos-da-índia com um Estudo de suas Alterações Histológicas e Fisiológicas) foi publicado no *American Journal of Anatomy*.

Estrous Cycle in the Guinea-Pig with a Study of its Histological and Physiological Changes" were published in the *American Journal of Anatomy*.

DESENVOLVIMENTO DO EXAME DE PAPANICOLAOU

Com a ajuda de James Ewing, Chefe da Patologia na Cornell University, o Dr. Papanicolaou reconheceu células anormais. Ele começou a usar a citologia vaginal humana em 1920, em um "caso especial" que continuou a estudar nos 21 anos seguintes.

DEVELOPMENT OF PAP TEST

With the help of James Ewing, Chairman of Pathology at Cornell, Dr Papanicolaou recognized abnormal cells. He began using human vaginal cytology in 1920, in a "special case" that he continued to study for the next 21 years.

MARY PAPANICOLAOU: PROJETO HUMANO, PRIMEIRO E PROLONGADO

Andromache Mavroyeni Papanicolaou, carinhosamente chamada Mary pelo Dr. Papanicolaou, o conheceu em sua viagem de volta da Alemanha. Eles se casaram no dia 25 de setembro de 1910.

Ela o acompanhou na ida para a cidade de Nova York e, quando ele começou a trabalhar no New York Hospital, ela também conseguiu um emprego no departamento, como técnica de seu marido. No entanto, poucos sabiam que era ela seu "caso especial". O Dr. Papanicolaou colheu material diariamente para esfregaços vaginais de sua esposa Mary durante 21 anos para estudo. Uma grande mulher ao lado de um grande cientista.

MARY PAPANICOLAOU: FIRST AND LONG TERM HUMAN PROJECT

Andromache Mavroyeni Papanicolaou, lovely called Mary by Dr Papanicolaou, met him when he was returning home from Germany. They married on September 25, 1910.

She came to New York City with him and when he got the position at the New York Hospital she was also given a job in the department as her husband's technician. However, not many people know that she was his "special case". Dr Papanicolaou collected daily vaginal smear from his wife Mary for 21 years to study. An amazing woman beside a great scientist.

1928: "NOVO DIAGNÓSTICO PARA O CÂNCER"

Em janeiro de 1928, os primeiros achados de seus esfregaços vaginais humanos foram apresentados na 3ª Conferência da Fundação Race Betterment, em Battle Creek, Michigan. Em 1939, incentivado pelo Dr. Joseph Hinsey, chefe do departamento, ele decidiu interromper a pesquisa hormonal para continuar o trabalho em método citológico para detecção do câncer.

A colaboração do Dr. Herbert Traut, do Departamento de Ginecologia e Obstetrícia, resultou no artigo *"The Diagnostic Value of Vaginal Smears in Carcinoma of the Uterus"* (O Valor Diagnóstico dos Esfregaços Vaginais no Carcinoma de Útero), publicado em 11 de março de 1941 no American Journal of Obstetrics and Gynecology 1941; 42:193–206, e em *"Diagnose of Uterine Cancer by the Vaginal Smear"* (Diagnóstico do Câncer Uterino por Esfregaço Vaginal), publicado em 1943 no Yale Journal of Biology and Medicine 1943; 15(6):924.

1928: "NEW CANCER DIAGNOSIS"

In January 1928, the first findings of his human vaginal smears were presented at the Third Race Betterment Conference in Battle Creek, MI. In 1939, encouraged by Dr Joseph Hinsey, the new chairman of the department, he decided to stop the hormonal research in order to continue his work in cytological method for cancer detection.

The collaboration of Dr Herbert Traut, from the Department of Obstetrics and Gynecology, resulted in the paper "The Diagnostic Value of Vaginal Smears in Carcinoma of the Uterus" published in March 11th, 1941 in Amererican Journal of Obstetrics and Gynecology, 1941; 42:193–206, and "Diagnose of Uterine Cancer by the Vaginal Smear" published in 1943 in Yale Journal of Biology and Medicine. 1943; 15(6):924.

PARTE 3

IMPACTO DO EXAME DE PAPANICOLAOU NA PREVENÇÃO DO CÂNCER CERVICAL EM MULHERES DE TODO O MUNDO

PART 3

IMPACT OF PAP TEST IN CERVICAL CANCER PREVENTION IN WOMEN WORLDWIDE

DÉCADA DE 1940: INTRODUÇÃO DO ESFREGAÇO DE PAPANICOLAOU PARA PACIENTES

Com o incentivo do Dr. Joseph Hinsey, chefe do Departamento de Patologia, em 1939, o Dr. Papanicolaou decidiu interromper a pesquisa hormonal para continuar o trabalho em método citológico para a detecção do câncer.

Ele teve a colaboração do Dr. Herbert Traut, do Departamento de Ginecologia e Obstetrícia, para começar o teste em pacientes, e esse trabalho conjunto resultou no artigo *"The Diagnostic Value of Vaginal Smears in Carcinoma of the Uterus"* (O Valor Diagnóstico dos Esfregaços Vaginais no Carcinoma de Útero), publicado em 11 de março de 1941 no American Journal of Obstetrics and Gynecology 1941; 42:193-206, e no artigo *"Diagnose of Uterine Cancer*

1940s: PAP SMEAR WAS FIRST INTRODUCED IN PATIENTS

Encouraged by Dr Joseph Hinsey, chairman of the Department of Pathology, in 1939, Dr Papanicolaou decided to stop the hormonal research in order to continue his work in cytological method for cancer detection.

He had the collaboration of Dr Herbert Traut, from the Department of Obstetrics and Gynecology, to start the test in patients and their conjunct work resulted in the paper "The Diagnostic Value of Vaginal Smears in Carcinoma of the Uterus" published on March 11th, 1941 in American Journal of Obstetrics and Gynecology, 1941; 42:193-206, and "Diagnose of Uterine Cancer by the Vaginal Smear" published in 1943 in Yale Journal of Biology and Medicine. 1943; 15(6):924.

by the Vaginal Smear" (Diagnóstico do Câncer Uterino por Esfregaço Vaginal) publicado em 1943 no Yale Journal of Biology and Medicine 1943; 15(6):924.

O trabalho conjunto, a partir de cada um dos departamentos, fez com que o exame se tornasse a principal ferramenta para detecção do câncer nos EUA, espalhando-se pelo mundo logo a seguir.

Working together, from both departments, the test starts to be the 1st test to detect cancer in the USA and starts to spread to the world in a sequence.

O CÂNCER CERVICAL JÁ FOI O QUE MAIS MATOU AS MULHERES

Na década de 1940, o câncer cervical era a principal causa de morte entre mulheres em idade fértil nos EUA. No entanto, com a introdução na década de 1950 do exame de Papanicolaou, em que uma amostra das células do colo do útero é examinada por microscopia para detectar anomalias celulares, a incidência de doença invasiva caiu drasticamente. Entre os anos de 1955 e 1992, a incidência de câncer cervical nos EUA e de mortes causadas por ele caiu mais de 60%.

Evidências epidemiológicas sugeriram que o câncer cervical poderia ser causado por um agente transmitido sexualmente, mas a natureza desse agente não foi conhecida até a década de 1980, quando o HPV (*human papillomavirus*) foi descoberto.

No início dos anos 1970, o tratamento padrão para o câncer cervical

CERVICAL CANCER WAS THE 1ST KILLER OF WOMEN

In 1940s, cervical cancer was the major cause of death among women of childbearing age in the USA. However, with the introduction in the 1950s of the Papanicolaou test, in which a sample of cervical cells is examined under a microscope to detect cellular abnormalities, the incidence of invasive cervical cancer declined dramatically. Between the years of 1955 and 1992, US cervical cancer incidence and death rates declined by more than 60%.

Epidemiologic evidence had suggested that cervical cancer might be caused by a sexually transmitted agent, but the nature of this agent was not known until the 1980s, when HPV (human papillomavirus) was discovered.

In the beginning of the 1970s, the standard treatment for cervical cancer and precancerous cervical

e lesões e crescimentos cervicais pré-cancerosos era a biópsia em cone e histerectomia.

Pesquisadores clínicos estavam apenas começando a desenvolver e testar procedimentos menos invasivos, como a criocirurgia, a cirurgia a *laser* e o LEEP (*loop electrosurgical excision procedure* – excisão eletrocirúrgica por alça) para tratar lesões cervicais pré-cancerosas.

Como as lesões pré-cancerosas encontradas nos esfregaços podem ser tratadas e curadas antes de progredirem para câncer, e dado que o câncer cervical é frequentemente detectado antes de chegar à forma avançada, as taxas de incidência e mortalidade da doença são, hoje, relativamente baixas (2014, National Cancer Institute, EUA).

O câncer cervical já figurou como uma das dez principais causas de morte por câncer em mulheres norte-americanas. No entanto, nos últi-

lesions and growths, were cone biopsy and hysterectomy.

Clinical researchers were only beginning to develop and test less invasive procedures, such as cryosurgery, laser surgery, and LEEP (loop electrosurgical excision procedure), for treating precancerous cervical lesions.

Because precancerous lesions found by Pap smears can be treated and cured before they develop into cancer, and because cervical cancer is often detected before it becomes advanced, the incidence and death rates for this disease are now relatively low (2014, National Cancer Institute, USA).

Cervical cancer was once included in the top ten causes of câncer death for American women. But over last 30 years, the death rate from cervical cancer has gone down by more than 50%. The main reason for this dramatic decline was

mos 30 anos, o índice de morte por essa neoplasia caiu mais de 50%. A razão principal para essa queda dramática foi o aumento estabelecido e organizado da triagem com esfregaço de Papanicolaou. Esse procedimento diagnóstico pode evidenciar alterações pré-cancerosas ou carcinoma cervical precoce, ambos com lesões passíveis de prevenção e tratamento.

As estimativas da Sociedade Americana do Câncer para o câncer cervical nos Estados Unidos em 2016 são:

- cerca de 12.990 casos novos de câncer cervical invasivo serão diagnosticados;
- cerca de 4.120 mulheres morrerão em decorrência do câncer cervical.

Os casos de câncer cervical ocorrem, em sua maioria, em mulheres com menos de 50 anos de idade, e menos de 15% em mulheres com idade

the well-established and organized increased screening with Pap test. This screening procedure can find pre-cancerous changes or early cervical carcinoma, both preventable and treatable lesions.

The American Cancer Society's estimates for cervical cancer in the United States for 2016 are:

- about 12,990 new cases of invasive cervical cancer will be diagnosed;
- about 4,120 women will die from cervical cancer.

Most cases of cervical cancer are found in women younger than 50 with than 15% of cases occuring in women over 65. The disease is rare in women younger than 20. Women who have been getting regular screening before they were 65 rarely develop cervical carcinoma. In the United States, the groups at highest risk for cervical carcinoma

superior a 65 anos. A doença é rara em mulheres abaixo dos 20 anos. Mulheres submetidas a exame regular antes dos 65 anos raramente desenvolvem carcinoma cervical. Nos Estados Unidos, os grupos com mais risco de carcinoma cervical incluem as hispânicas, as afro-americanas, as asiáticas, as mulheres nativas das Ilhas do Pacífico e as caucasianas, nesta ordem. As índias americanas e as nativas do Alasca têm menos risco de câncer cervical.

O câncer cervical é o terceiro câncer mais comum no mundo, e 80% dos casos ocorrem em países em desenvolvimento. É também a principal causa de morte por câncer entre as mulheres nos países em desenvolvimento, levando a cerca de 190.000 ocorrências a cada ano. As taxas da doença são mais altas na América Central, África Subsaariana e Melanésia (2014, International Agency for Research on Cancer).

include Hispanic, African-Americans, Asians and Pacific Islanders and White, in this order. While, American Indians and Alaskan natives have lowest risk of cervical cancer.

Cervical cancer is the third most common cancer worldwide, and 80% of cases occur in the developing world. It is the leading cause of death from cancer among women in developing countries, where it causes about 190,000 deaths each year. Rates of the disease are highest in Central America, sub-Saharan Africa, and Melanesia (2014, International Agency for Research on Cancer).

PESQUISA DE PAPILOMAVÍRUS HUMANO

Virtualmente, todo carcinoma de células escamosas no colo do útero contém um dos 18 tipos de DNA de HPV. A triagem de alta qualidade com exame de Papanicolaou reduziu marcadamente a mortalidade por câncer cervical de células escamosas, que compreende 80 a 90% dos cânceres cervicais. Sabe-se agora que é necessária a infecção cervical persistente por genótipos de HPV de alto risco para o desenvolvimento de câncer e sua lesão precursora imediata, a neoplasia cervical intraepitelial (NIC) de grau 3 (NIC3). Em virtude do conhecimento crescente da associação entre HPV e risco de câncer cervical, testes moleculares para detectar HPV de alto risco têm sido desenvolvidos. A integração da pesquisa de HPV ao exame de Papanicolaou

HUMAN PAPILLOMAVIRUS TEST

Virtually all squamous cell carcinoma of the cervix contain one of 18 types of HPV-DNA. High-quality screening with Pap testing has markedly reduced mortality from squamous cell cervical cancer, which comprises 80 to 90% of cervical cancers. It is now known that persistent cervical infection with high-risk HPV genotypes is necessary for the development of cervical cancer and its immediate precursor lesion, cervical intraepithelial neoplasia (CIN) grade 3 (CIN3). Due to the increased understanding of the association between HPV and cervical cancer risk, molecular tests for detection of high-risk HPV have been developed. Integrating HPV testing with Pap test for cervical cancer screening allows both increased disease

para triagem do câncer cervical permite tanto o aumento dos níveis de detecção da doença como o aumento do intervalo entre exames.

Existem vários testes de HPV no mercado, como Hybrid capture 2 da Qiagen, Cervista e Aptima da Hologic. O último pode realizar a genotipagem específica de HPV 16 e 18, os vírus mais comumente implicados no aparecimento de carcinoma cervical.

detection and increased length of screening intervals.

Several HPV tests are on the market, including Hybrid capture 2 test by Qiagen, Cervista and Aptima tests by Hologic. The latter can perform specific genotyping for HPV 16 and 18, the viruses most implicated in causing cervical carcinoma.

TESTE DE HPV COMO FERRAMENTA DE TRIAGEM PRIMÁRIA DO CÂNCER CERVICAL

Em abril de 2014, a agência norte-americana FDA (US Food and Drug Administration) aprovou o teste Cobas HPV (Roche Molecular Systems, Pleasanton, CA, EUA) para uso como ferramenta de triagem primária do câncer cervical em mulheres com 25 anos de idade ou mais. O Cobas HPV é um teste qualitativo *in vitro* totalmente automatizado para a detecção de três variantes distintas do vírus: HPV16, HPV18 e um *pool* de outros 12 genótipos (HPV 31, 33, 35, 39,45, 51, 52, 56, 58, 59, 66 e 68) utilizando amplificação de DNA alvo por reação em cadeia de polimerase (PCR) e hibridização de ácido nucleico. A aprovação foi baseada nos resultados do estudo ATHENA. O estudo demonstrou que o teste Cobas HPV

HPV TEST AS A PRIMARY SCREENING TOOL OF CERVICAL CANCER

In April 2014, US Food and Drug Administration (FDA) approved Cobas HPV test (Roche Molecular Systems, Pleasanton, CA, USA), for use as a primary screening tool of cervical cancer, for women 25 and older. The Cobas HPV test is a fully automated qualitative in vitro test for the detection of HPV in 3 separate variants: HPV16, HPV18, and a pool of 12 other HPV genotypes (31, 33, 35, 39,45, 51, 52, 56, 58, 59, 66, and 68) using amplification of target DNA by the polymerase chain reaction (PCR) and nucleic acid hybridization. The approval was based on the results of the ATHENA trial. The study demonstrated that the Cobas HPV test is an effective screening strategy in women ≥25 years compared to liquid-based

é uma estratégia de rastreamento eficaz em mulheres a partir dos 25 anos em comparação com o esfregaço líquido de Papanicolaou, e seu desempenho foi comparável ao obtido com o teste híbrido. Em mulheres submetidas à colposcopia, o teste Cobas HPV foi mais sensível que a citologia líquida para a detecção de neoplasia intraepitelial cervical (NIC) ≥ 3 (92%). A conclusão do estudo foi que o teste Cobas HPV com detecção distinta de HPV16 e HPV18 pode proporcionar uma alternativa mais sensível ao esfregaço citológico, constituindo uma estratégia eficaz de rastreamento de câncer cervical e no algoritmo de manejo contra o HPV18, com base na citologia isolada. Atualmente, nos Estados Unidos, o HPV não está sendo usado para triagem primária.

Pap testing and its performance was comparable to the hybrid test. In women who had colposcopy, Cobas HPV test was more sensitve than liquid-based cytology for detection of cervical intraepithelial neoplasia (CIN) ≥3 (92.0%). The conclusion of the study was that Cobas HPV testing with distinct HPV16 and HPV18 detection could provide a more sensitive alternative to Pap test with an eficiente strategy for cervical cancer screening and in management algorithm versus 18 based solely on cytology. Currently in the United States, HPV is not being used for primary screening.

DIRETRIZES ATUAIS DE MANEJO DO PACIENTE PARA TRIAGEM DE CÂNCER CERVICAL PATROCINADAS PELA SOCIEDADE AMERICANA DO CÂNCER (ACS), SOCIEDADE AMERICANA DE COLPOSCOPIA E PATOLOGIA CERVICAL (ASCCP) E SOCIEDADE AMERICANA DE PATOLOGIA CLÍNICA (ASCP)

- O rastreamento deve ser iniciado aos 21 anos de idade. As mulheres na faixa de 21 a 29 anos devem ser submetidas a esfregaço de Papanicolaou a cada três anos. O teste de HPV não é indicado para triagem de pacientes nessa faixa etária (pode ser indicado como seguimento em caso de resultado anormal do esfregaço citológico);
- o método de triagem preferencial para mulheres com até 30 anos é o esfregaço de Papanicolaou associado a teste de HPV a

CURRENT PATIENT MANAGEMENT GUIDELINES FOR CERVICAL CANCER SCREENING SPONSORED BY THE AMERICAN CANCER SOCIETY, AMERICAN SOCIETY FOR CERVICAL PATHOLOGY & COLPOSCOPY AND AMERICAN SOCIETY FOR CLINICAL PATHOLOGY

- Screening should begin at age heve a Pap test every 3 years. HPV testing is not indicated for screening in this age group (it may be indicated for follow-up for an abnormal Pap test);
- the preferred screening method for women ≥30, is with a Pap test combined with HPV test every 5 years (co-testing) and shoukd continue until 65;
- an acceptable screening option for women 30 to 65 is to get tested with Pap test only, every 3 years;

cada 5 anos (co-teste), que deve ser mantido até os 65 anos;

- uma opção aceitável de triagem para mulheres dos 30 aos 65 anos é a utilização do esfregaço citológico isoladamente a cada 3 anos;
- mulheres com alto risco de câncer cervical, incluindo as imunossuprimidas (infecção por HIV, transplante de órgãos ou uso prolongado de medicamentos esteroides) e aquelas expostas a dietilestilbestrol (DES) antes do nascimento, podem precisar ser examinadas com maior frequência. O intervalo de triagem pode ser recomendado por seus médicos particulares;
- mulheres com mais de 65 anos e submetidas a exame regular nos últimos 10 anos sem nenhuma lesão intraepitelial escamosa de alto grau (HSIL ou NIC2 ou

- women at high risk of cervical cancer, including immunosuppressed (HIV infection, organ transplant, or long term steroid use) or because of exposure to DES in utero may need to be screened more often. The screening interval can be recommended by their personal physicians;
- women over 65 years of age who have had regular screening in the previous 10 years and have not had any high grade squamous intraepithelial lesions (HSIL or CIN2 or CIN3), in the last 20 years, should stop cervical cancer screening. Women with a history of CIN2 or CIN3 should continue to have testing for at least 20 years after the abnormality was found;
- women who have had a total hysterectomy for benign con-

NIC3) nos últimos 20 anos não devem ser submetidas a novos testes de triagem para câncer cervical. Mulheres com história de NIC2 ou NIC3 devem ser examinadas por pelo menos 20 anos após o achado de anormalidade;

- mulheres submetidas a histerectomia total por doenças benignas não devem ser submetidas a triagem, exceto quando a histerectomia foi feita como tratamento para displasia (ou câncer) cervical. Mulheres submetidas a histerectomia supracervical (sem remoção do colo do útero) devem manter a triagem de câncer cervical conforme as diretrizes anteriores;
- a triagem anual em qualquer idade e utilizando qualquer método não é recomendada. Nesses casos, mulheres com resultados

ditions should stop screening, unless the hysterectomy was done as a treatment for cervical dysplasia (or cancer). Women who have had a supra-cervical hysterectomy (without removal of the cervix) should continue cervical cancer screening according to the guidelines above;

- annual screening at any age, by any method, is not recommended. However, women who have abnormal screening results may need to have a follow-up Pap test (sometimes with a HPV test) in 6 months or a year;
- women who have been vaccinated against HPV should still follow these guidelines.

These screening guidelines for early detection of cervival cancer do not apply to women who have been di-

anormais de triagem podem precisar de seguimento com esfregaço de Papanicolaou (às vezes com teste de HPV) no prazo de 6 meses a 1 ano;
- mulheres vacinadas contra HPV também devem seguir essas diretrizes.

Essas diretrizes de triagem para detecção precoce do câncer cervical não se aplicam a mulheres com diagnóstico prévio de câncer cervical, HSL ou NIC2 ou NIC3, ou com infecção por HIV. Essas mulheres devem ser examinadas conforme recomendação de seus médicos particulares.

agnosed with cervical cancer, HSL or CIN2 or CIN3, or HIV infection. These women should be screened as recommended by their personal physicians.

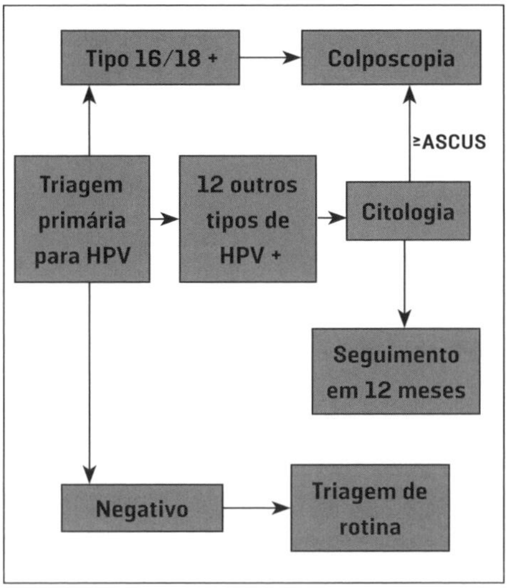

Figura 1 Algoritmo de triagem primária do HPV recomendado pela Sociedade de Oncologia Ginecológica (SGO), Sociedade Americana de Colposcopia e Patologia Cervical (ASCCP), Colégio Americano de Obstetras e Ginecologistas (ACOG), Sociedade Americana do Câncer (ACS), Sociedade Americana de Citopatologia (ASC), Colégio dos Patologistas Americanos (CAP) e Sociedade Americana de Patologia Clínica (ASCP).

Adaptada de: Huh WK et al. Gynecol Oncol 2015; 136:178-82.

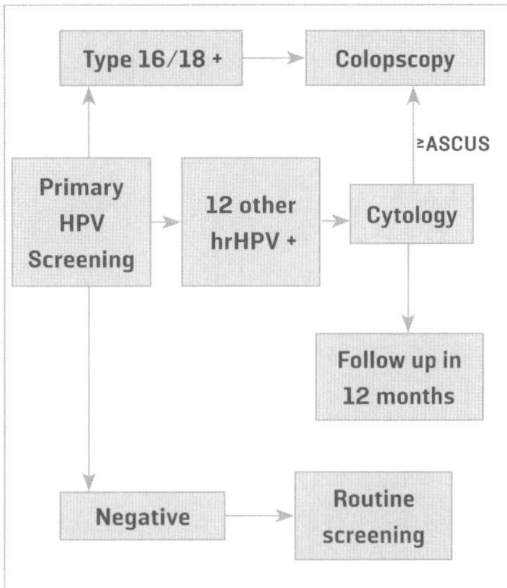

Figura 1 Primary HPV screening algorithm recommended by Society of Gynecologic Oncology, American Society for Colposcopy and Cervical Pathology, American College of Obstetricians and Gynecologists, American Cancer Society, American Society of Cytopathology, College of American Pathologists, and the American Society for Clinical Pathology.

Modified from: Huh WK et al. Gynecol Oncol 2015; 136:178-82.

AVANÇOS NA CITOLOGIA DO EXAME DE PAPANICOLAOU E NA PREVENÇÃO DO CÂNCER CERVICAL

ADVANCES IN PAP TEST CYTOLOGY & PREVENTION OF CERVICAL CANCER

FORMULAÇÕES EM BASE LÍQUIDA

As formulações de citologia em base líquida incluem o ThinPrep (Hologic Inc., Boxborough, MA) e o SurePath (BD Diagnostics., Burlington, NC). Nesses dois sistemas, as células não são esfregadas em lâmina, mas depositadas em meio líquido que é enviado para exame em laboratório. O exame em base líquida reduz a ocorrência de debris e aglomerados de células e também deixa as amostras mais homogêneas. Em esfregaços convencionais, somente uma parte da amostra é analisada e o restante do material no dispositivo de coleta é descartado. No exame em base líquida, contudo, toda a amostra é depositada no meio de coleta para análise subsequente. Como a área de pesquisa é menor, o tempo de exame da lâmina é reduzido e o fundo mais limpo torna mais fácil determinar se as

LIQUID-BASED PREPARATIONS

The liquid-based cytology sample preparations include ThinPrep (Hologic Inc., Boxborough, MA) and SurePath (BD Diagnostics., Burlington, NC). In both of these systems, instead of smearing cells on a slide, cells are rinsed into a liquid preparation and sent to a laboratory. The liquid-based test reduces debris and cell clumps. It also homogenizes the specimen. On conventional smears only a portion of the specimen is evaluated and the remaining portion of the sampled specimen on the sampling device is discarded. Whereas, for liquid-based, the entire sample is rinsed in the collection medium for subsequent evaluation. Due to smaller screening area the slide screening time is reduced and the cleaner background makes it easier to determine whether the cells are normal or abnormal. Im-

células são normais ou anormais. A fixação imediata em meio líquido também evita o ressecamento da amostra. Apesar de haver diferenças nas técnicas de preparo, as duas formulações em base líquida têm aparência semelhante. O restante da amostra em base líquida pode ser usado para citologia reflexa de HPV, coloração imuno-histoquímica e preparo de *cell block* (técnica citopatológica complementar baseada na concentração celular máxima). O ThinPrep é aprovado pela agência norte-americana Food and Drug Administration (FDA) para citologia reflexa de HPV.

mediate liquid fixation prevents air-drying. Despite differences in preparatory techniques, the two liquid-based preparations are similar in appearance. The residual liquid-based specimen can also be used for reflex HPV testing, immunohistochemical staining and cell-block preparation. ThinPrep is FDA-approved for reflex HPV test.

TRIAGEM AUTOMATIZADA PARA EXAME DE PAPANICOLAOU

Atualmente, existem sistemas automatizados para triagem primária de exames de Papanicolaou, o sistema de imagem ThinPrep (TIS, Hologic Corp., Marlborough, MA), para uso em TP, o sistema de triagem primária FocalPoint (FPPS) e o sistema de imagem BD FocalPoint GS (BD DiagnostiCPS, Burlington, NC), para uso em SP e CPS. O TIS detecta células de interesse usando 22 campos de visão (*fields of view*, ou FOV). Quando nenhuma célula anormal é detectada pelo analista nos 22 campos, o caso é considerado negativo sem revisão manual subsequente. Se houver a detecção de alguma célula anormal nos 22 campos, o caso é analisado manualmente. Se as células forem consideradas normais, o caso é considerado negativo. Se alguma

AUTOMATED SCREENING FOR PAP TEST

Currently, there are automated systems for primary screening of Pap tests, ThinPrep Imaging System (TIS, Hologic Corp., Marlborough, MA) for use on TP and FocalPoint Primary Screening System (FPPS) and BD FocalPoint GS Imaging System (BD DiagnostiCPS, Burlington, NC) for use in SP and CPS. TIS detects cells of interest using 22 fields of vision (FOV). When no abnormal cells are detected by the screener in the 22 FOV, the case can be signed out as negative without subsequent manual review. If any abnormal cells are detected in the 22 FOV, the case is manually screened. If the cells are deemed to be normal, the case is signed out as negative. If an abnormality is detected, a pertinent diagnosis is rendered.

anormalidade for detectada, faz-se o processamento de diagnóstico pertinente. O TIS tem permitido a detecção tanto de lesões escamosas como glandulares com alta sensibilidade.

O FPPS atribui uma pontuação para cada lâmina quanto à probabilidade de haver anomalias. Essa informação classifica cada lâmina como um de cinco "quintis (Q)" (1 = risco mais alto; 5 = risco mais baixo) na população de "análise". Além disso, o FPPS aloca os casos considerados "insatisfatórios" para o quintil 5, a fim de garantir a análise manual. O FPPS apresenta um desempenho forte, seguro e eficaz em lâminas SP para detectar anormalidade em exames de Papanicolaou.

Uma nova versão, o Sistema de Imagem BD FocalPoint GS, que

TIS has been shown to detect both squamous and glandular lesions with a high sensitivity.

FPPS assigns scores to each slide relative to the probability that an abnormality is present. This information ranks each slide within five "quintiles (Q)" (1 = highest risk, 5 = lowest risk) of the "review" population. In addition, FPPS places cases scored as "unsatisfactory" into quintile 5 to ensure a manual review. FPPS has a strong, safe and effective performance of FPPS on SP slides for detecting Pap test abnormalities.

A newer version, BD FocalPoint GS Imaging System using SurePath slides is now available. The use of this system improves accuracy for clinically important entities and location-guided screening in Pap

utiliza lâminas SurePath, já está disponível. Seu uso melhora a precisão para entidades clinicamente importantes e a triagem guiada por localidade na citologia de Papanicolaou oferece um avanço potencialmente significativo em relação à triagem manual.

test cytology offers a potentially significant advance over manual screening.

ATUALMENTE, É O PADRÃO DE TRIAGEM DE CÂNCER PARA MULHERES EM TODO O MUNDO

De acordo com a Federação Brasileira das Associações de Ginecologia e Obstetrícia, as mulheres devem ser submetidas a exame desde o início da vida sexual, não sendo testadas após os 65 anos. Quando o resultado do Papanicolaou é negativo, novo exame deve ser feito após um intervalo de 3 anos.

CURRENTLY THE STANDARD CANCER SCREENING TEST FOR WOMEN WORLDWIDE

According to the Brazilian Federation of Obstetric and Gynecological Associations, women should be tested since the start of their sexual life, while those over 65 should not be tested. Once the Pap test is clear, they should test again each 3 years of interval.

VACINA CONTRA HPV

A FDA aprovou três vacinas para prevenção do HPV: Gardasil®, Gardasil® 9 e Cervarix®. Essas vacinas proporcionam forte proteção contra novas infecções por HPV, mas não são eficazes como tratamento para infecções já estabelecidas de HPV ou doença causada por HPV.

A vacina bivalente de HPV (Cervarix®) previne os dois tipos de HPV (16 e 18) que causam 70% dos cânceres de colo de útero. A vacina quadrivalente de HPV (Gardasil®) previne quatro tipos de HPV: HPV 16 e 18, e também HPV 6 e 11, que causam 90% das verrugas genitais. A vacina nonavalente Gardasil® inclui cinco

HPV VACCINE

The FDA has aproved three vaccines to prevent HPV infection: Gardasil®, Gardasil® 9, and Cervarix®. These vaccines provide Strong protection against new HPV infections, but they are not effective at treating established HPV infections or disease caused by HPV.

The bivalente HPV vaccine (Cervarix®) prevents the two HPV types, 16 and 18, which cause 70% of cervical cancers. The quadrivalent HPV vaccine (Gardasil®) prevents four HPV types: HPV 16 and 18, as well as HPV 6 and 11, which cause 90% of genital warts. The recently licensed 9-valent Gardasil® vaccine, includes five

tipos adicionais de HPV de alto risco (31, 33, 45, 52 e 58).

As vacinas para prevenção de HPV foram licenciadas nos Estados Unidos e recomendadas para todas as meninas adolescentes em 2006. A recomendação de vacinação de meninos começou em 2011. A vacinação já reduziu os índices de infecção por HPV nos EUA (64% de queda na faixa de 14 a 19 anos e 34% de queda entre 20 e 24 anos). Até 2013, somente 37,6% das meninas e 13,9% dos meninos na faixa de 13 a 17 anos haviam recebido o esquema completo, com três doses, da vacina contra HPV. Uma série de duas doses em meninas e meninos de 9 a 14 anos com intervalo de 6 ou 12 meses entre as doses resultou em títulos de

additional high-risk HPV types (31, 33, 45, 52, and 58).

Vaccines to prevent HPV were licensed in the United States and recommended for all adolescent girls in 2006. Recommendations to vaccinate boys started in 2011. The vaccine has already reduced HPV infection rates in the US (64% decrease in those aged 14-19 and a 34% decrease in those aged 20-24). Until 2013, only 37.6% of girls and 13.9% of boys aged 13-17ved the full, three dose course of HPV vaccine. A two-dose series in girls and boys 9-14 years old with 6- or 12-month interval between doses has been shown to result in antibody titers similar to those measured after the three-dose series in women 16-26 years old. HPV vacines are based

anticorpos semelhantes aos medidos após séries de três doses em mulheres de 16 a 26 anos. As vacinas contra HPV são feitas com partículas semelhantes ao vírus (VLPs) formadas por componentes de superfície do HPV. As VLPs se assemelham muito ao vírus natural. No entanto, elas não têm o DNA viral e, portanto, não são infecciosas. Elas são fortemente imunogênicas e induzem altos títulos de anticorpos produzidos no corpo. Isso torna a vacina altamente eficaz.

on virus-like particles (VLPs) that are formed by HPV surfasse componentes. The VLPs, closely resemble the natural vírus. However, they lack the virus's DNA and are thus not infectious. They are strongly immunogenic and induce high levels of antibody production by the body. This makes the vacines highly effective.

CENTENÁRIO DOS ESTUDOS DE PAPANICOLAOU (1914-2014)

2014 foi um ano histórico em que se comemorou o centenário dos estudos de Papanicolaou. Não temos dúvidas quanto à sua contribuição para a prevenção do câncer cervical e para as milhares de vidas salvas com a detecção precoce e o tratamento correto dessa doença passível de prevenção.

CENTENARY OF PAPANICOLAOU STUDIES (1914-2014)

2014 was a historical year, when we celebrated the centenary of Papanicolaou's study. We have no doubts about his contribution to cervical cancer prevention and to the thousands of lives saved by early detection and correct treatment of this preventable disease.

LEITURAS RECOMENDADAS

RECOMMENDED READING

ARTIGOS DO DR. GEORGE N. PAPANICOLAOU

PAPERS BY DR GEORGE N. PAPANICOLAOU

1. Bader GM, Papanicolaou GN. The application of cytology in the diagnosis of cancer of the rectum, sigmoid, and descending colon. Cancer 1952; 5(2):307-14.
2. Cooper WA, Papanicolaou GN. Balloon technique in the cytological diagnosis of gastric cancer. J Am Med Assoc 1953; 151(1):10-4.
3. Cromwell HA, Papanicolaou GN. Use of the cytologic method in industrial medicine with special reference to tumors of the lung and the bladder. AMA Arch Ind Hyg Occup Med 1952; 5(3):232-3.
4. Foot NC, Papanicolaou GN. Early renal carcinoma in situ detected by means of smears of fixed urinary sediment. J Am Med Assoc 1949; 139(6):356-8.
5. Holmquist DG, Papanicolaou GN. The exfoliative cytology of the mammary gland during pregnancy and lactation. Ann NY Acad Sci 1956; 63(6):1422-35.
6. Johnson WD, Koss LG, Papanicolaou GN, Seybolt JF. Cytology of esophageal washings; evaluation of 364 cases. Cancer 1955; 8(5):951-7.
7. Mellors RC, Glassman A, Papanicolaou GN. A microfluorometric scanning method for the detection of cancer cells in smears of exfoliated cells. Cancer 1952; 5(3):458-68.
8. Mellors RC, Keane JF Jr, Papanicolaou GN. Nucleic acid content of the squamous cancer cell. Science 1952; 116(3011):265-9.

9. Panico FG, Papanicolaou GN, Cooper WA. Abrasive balloon for exfoliation of gastric cancer cells. J Am Med Assoc 1950; 143(15):1308-11.
10. Papanicolaou G. Sex determination and sex control in guinea-pigs. Science 1915; 41(1054):401-4.
11. Papanicolaou GN, Bader GM, Holmquist DG, Falk EA. Cytologic evaluation of breast secretions. Ann N Y Acad Sci 1956; 63(6):1409-21.
12. Papanicolaou GN, Bridges EL. Simple method for protecting fresh smears from drying and deterioration during mailing. J Am Med Assoc 1957; 164(12):1330-1.
13. Papanicolaou GN, Cromwell HA. Diagnosis of cancer of the lung by the cytologic method. Dis Chest 1949; 15(4):412-21.
14. Papanicolaou GN, Falk EA. General muscular hypertrophy induced by androgenic hormone. Science 1938; 87(2254):238-9.
15. Papanicolaou GN, Holmquist DG, Bader GM, Falk EA. Exfoliative cytology of the human mammary gland and its value in the diagnosis of cancer and other diseases of the breast. Cancer 1958; 11(2):377-409.
16. Papanicolaou GN, Koprowska I. Carcinoma in situ of the right lower bronchus; a case report. Cancer 1951; 4(1):141-6.
17. Papanicolaou GN, Maddi FV. Observations on the behavior of human endometrial cells in tissue culture. Am J Obstet Gynecol 1958; 76(3):601-18.
18. Papanicolaou GN, Marshall VF. Urine sediment smears as a diagnostic procedure in cancers of

the urinary tract. Science 1945; 101(2629):519-20.

19. Papanicolaou GN, Traut HF. The diagnostic value of vaginal smears in carcinoma of the uterus. 1941. Arch Pathol Lab Med 1997; 121(3):211-24.
20. Papanicolaou GN, Wolinska WH. Vaginal cytology in Trichomonas infestation. Int Rec Med Gen Pract Clin 1955; 168(9):551-6.
21. Papanicolaou GN. A general survey of the vaginal smear and its use in research and diagnosis. Am J Obstet Gynecol 1946; 51:316-28.
22. Papanicolaou GN. A new procedure for staining vaginal smears. Science 1942; 95(2469):438-9.
23. Papanicolaou GN. A survey of the actualities and potentialities of exfoliative cytology in cancer diagnosis. Ann Intern Med 1949; 31(4):661-74.
24. Papanicolaou GN. Cellular changes in the development of pulmonary cancer as revealed by cytology: a case report. Acta Unio Int Contra Cancrum 1958; 14(4):479-84.
25. Papanicolaou GN. Cytologic diagnosis of uterine cancer by examination of vaginal and uterine secretions. Am J Clin Pathol 1949; 19(4):301-8.
26. Papanicolaou GN. Cytologic studies in diagnosis of carcinoma. J Int Coll Surg 1954; 21(4 1):419-26.
27. Papanicolaou GN. Cytological evaluation of smears prepared by the tampon method for the detection of carcinoma of the uterine cervix. Cancer 1954; 7(6):1185-90.
28. Papanicolaou GN. Cytological study and diagnosis of cancer of the uterus. Minerva Ginecol 1954; 6(9):283-9.

29. Papanicolaou GN. Cytology of the urine sediment in neoplasms of the urinary tract. J Urol 1947; 57(2):375-9.
30. Papanicolaou GN. Degenerative changes in ciliated cells exfoliating from the bronchial epithelium as a cytologic criterion in the diagnosis of diseases of the lung. NY State J Med. 1956 Sep 1;56(17):2647-50.
31. Papanicolaou GN. Diagnosis of pregnancy by cytologic criteria in catheterized urine. Proc Soc Exp Biol Med 1948; 67(2):247-9.
32. Papanicolaou GN. Diagnostic value of exfoliated cells from cancerous tissues. J Am Med Assoc 1946; 131:372-8.
33. Papanicolaou GN. Historical development of cytology as a tool in clinical medicine and in cancer research. Acta Unio Int Contra Cancrum 1958; 14(4):249-54.
34. Papanicolaou GN. Investigative and diagnostic aspects of exfoliative cytology. Trans Stud Coll Physicians Phila 1957; 25(2):65-71.
35. Papanicolaou GN. Observations on the origin and specific function of the histiocytes in the female genital tract. Fertil Steril 1953; 4(6):472-8.
36. Papanicolaou GN. Recent trends in cytologic diagnosis. NY State J Med 1953; 53(1):39-40.
37. Papanicolaou GN. The cancer-diagnostic potential of uterine exfoliative cytology. CA Cancer J Clin 1957; 7(4):124-35.
38. Papanicolaou GN. The cell smear method of diagnosing cancer. Am J Public Health Nations Health 1948; 38(2):202-5.

39. Papanicolaou GN. The evolutionary dynamics and trends of exfoliative cytology. Tex Rep Biol Med 1955;13(4):901-19.
40. Papanicolaou GW, Cooper WA. The cytology of the gastric fluid in the diagnosis of carcinoma of the stomach. J Natl Cancer Inst 1947; 7(5):357-60.
41. Seybolt JF, Papanicolaou GN, Cooper WA. Cytology in the diagnosis of gastric cancer. Cancer 1951; 4(2):286-95.
42. Stockard CR, Papanicolaou GN. A rhythmical "heat period" in the guinea-pig. Science 1917; 46(1176):42-4.

ARTIGOS DE OUTROS AUTORES
PAPERS BY OTHER AUTHORS

1. Carmichael DE. The Pap smear: life of George N. Papanicolaou. Springfield: Charles C. Thomas, 1973.
2. Davey DD, Goulart R, Nayar R; Cytopathology Education and Technology Consortium (CETC). 2013 statement on human papillomavirus DNA test utilization. Am J Clin Pathol 2014; 141(4):459-61.
3. Hoda RS, Loukeris K, Abdul-Karim FW. Gynecologic cytology on conventional and liquid-based preparations: a comprehensive review of similarities and differences. Diagn Cytopathol 2013; 41(3):257-78.
4. Koss LG. George N. Papanicolaou (1883-1962). Acta Cytol 1963; 7:143-5.
5. Saslow D, Solomon D, Lawson HW et al. American Cancer Society, American Society for Colposcopy and Cervical Pathology, and American Society for Clinical Pathology. American Cancer Society, American Society for Colposcopy and Cervical Pathology, and American Society for Clinical Pathology screening guidelines for the prevention and early detection of cervical cancer. Am J Clin Pathol 2012; 137(4):516-42.
6. Saslow D, Solomon D, Lawson HW et al; ACS-ASCCP-ASCP Cervical Cancer Guideline Committee. Screening guidelines for the prevention and early detection of cervical cancer. CA Cancer J Clin 2012; 62(3):147-72.
7. Stoler MH, Austin RM, Zhao C. Point-counterpoint: cervical cancer screening should be done by primary human Papillomavirus testing with genotyping and reflex cytology for women over the age of 25 years. J Clin Microbiol 2015; 53(9):2798-804.
8. Nayar R, Wilbur DC. The Bethesda System for Reporting Cervical Cytology: definitions, criteria, and explanatory notes. New York: Springer Verlag, 2015.

GALERIA DE IMAGENS I*

IMAGE'S GALLERY I*

* Arquivos concedidos pelo New York Weill Cornell Medical Center.

* New York Weill Cornell Medical Center Archives Courtesies.

Figura 1 Cidade de Kymi, Grécia.

Picture 1 City of Kymi – Greece.

Figura 2 Dr. George Nicholas Papanicolaou e sua esposa, Mary.

Picture 2 George Nicholas Papanicolaou, MD, and his wife, Mary.

Figura 3 Departamento de Anatomia do Cornell University Medical College (1949-1950). George Papanicolaou é o segundo (da esquerda para a direita) na primeira fileira.

Picture 3 Department of Anatomy of Cornell University Medical College, 1949-1950. George Papanicolaou is the second in the first row.

Figura 4 Dr. George Papanicolaou no Departamento de Anatomia do Cornell University Medical College.

Picture 4 George Papanicolaou, MD, at Department of Anatomy at Cornell University Medical College.

Figura 5 Dr. George Papanicolaou com seu microscópio no Departamento de Anatomia do Cornell University Medical College.

Picture 5 George Papanicolaou, MD, with his microscope at Department of Anatomy of Cornell University Medical College.

Figura 6 Dr. George Papanicolaou examinando uma lâmina no Departamento de Anatomia do Cornell University Medical College.

Picture 6 George Papanicolaou, MD, examining a slide at Department of Anatomy of Cornell University Medical College.

Figura 7 Mary, Dr. George Papanicolaou e os membros da equipe do Departamento de Anatomia do Cornell University Medical College.

Picture 7 Mary, George Papanicolaou, MD, and a staff member at Department of Anatomy of Cornell University Medical College.

Figura 8 Estudantes do curso e da faculdade de Citologia Esfoliativa do Departamento de Anatomia do Cornell University Medical College. Dr. George Papanicolaou aparece no centro.

Picture 8 Exfoliative Cytology Course students and faculty at Department of Anatomy of Cornell University Medical College. George Papanicolaou, MD, in center.

Figura 9 Dr. George Papanicolaou em Douglaston Party.

Picture 9 George Papanicolaou, MD, at Douglaston Party.

Figura 10 Inauguração do busto do Dr. George Papanicolaou no átrio do Cornell University Medical College, em 18/10/1979.

Picture 10 Unveiling of George Papanicolaou's, MD, bust in the Cornell University Medical College's lobby, 10/18/1979.

Figura 11 Árvore de Hipócrates em homenagem ao Dr. George Papanicolaou no Departamento de Anatomia do Cornell University Medical College.

Picture 11 George Papanicolaou's, MD, Hippocratic Tree in his memory at Department of Anatomy of Cornell University Medical College.

Figura 12 Túmulo do Dr. George Nicholas Papanicolaou, falecido na Flórida em 19/02/1962, em New Jersey.

Picture 12 George Nicholas Papanicolaou, MD, Burial Site at New Jersey. He died Florida on 02/19/1962.

Figura 13 Retrato do Dr. Papanicolaou.

Picture 13 Picture of Dr Papanicolaou.

Figura 14 Dr. Papanicolaou lendo durante uma viagem.

Picture 14 Dr Papanicolaou reading during a trip.

GALERIA DE IMAGENS II*

IMAGE'S GALLERY II*

* Imagens de autoria do Dr. Gibran Daher tiradas entre 2010 e 2014 no New York Presbyterian Hospital - Weill Cornell Medical College.

* Pictures took by Dr. Gibran Daher between 2010 and 2014 at the New York Presbyterian Hospital - Weill Cornell Medical College.

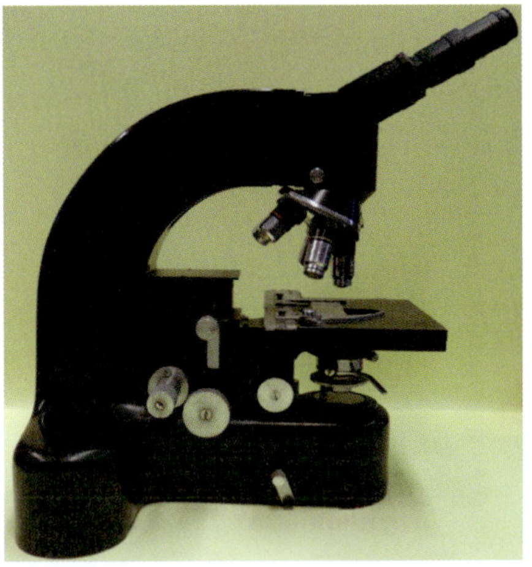

Figura 1 Microscópio do Dr. Papanicolaou.

Picture 1 Dr Papanicolaou's microscope.

Figura 2 Caixa de lâminas do Dr. Papanicolaou.

Picture 2 Dr Papanicolaou's box of slides.

Figura 3 Atlas de Citologia Esfoliativa.

Picture 3 Atlas of Exfoliative Cytology.

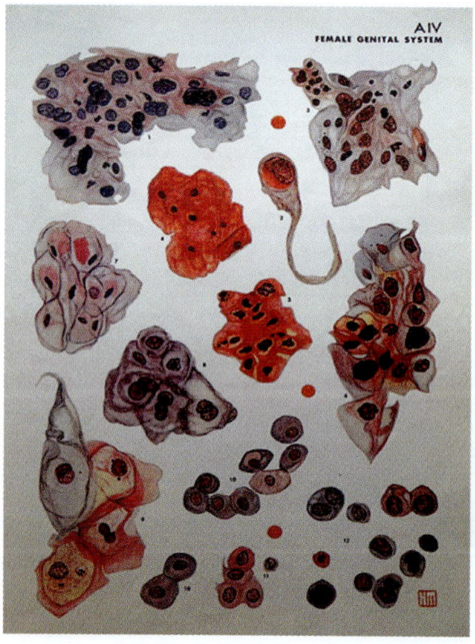

Figura 4 Ilustração das células do sistema genital feminino do Atlas.

Picture 4 Illustration of female genital system cells in the Atlas.

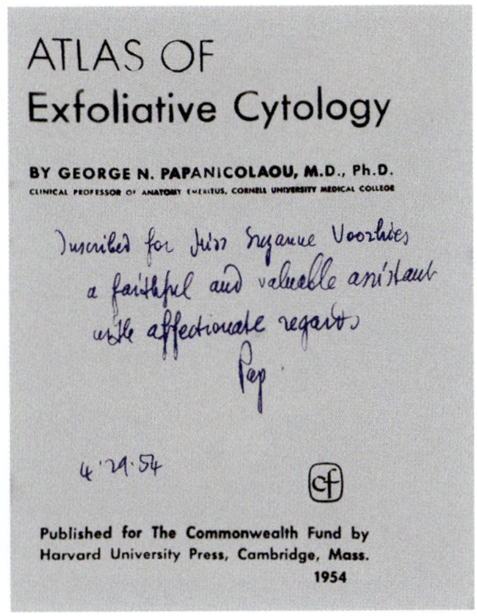

ATLAS OF
Exfoliative Cytology

BY GEORGE N. PAPANICOLAOU, M.D., Ph.D.
CLINICAL PROFESSOR OF ANATOMY EMERITUS, CORNELL UNIVERSITY MEDICAL COLLEGE

Inscribed for Miss Suzanne Voorhies
a faithful and valuable assistant
with affectionate regards
Pap

4.29.54

Published for The Commonwealth Fund by
Harvard University Press, Cambridge, Mass.
1954

Figura 5 Dedicatória do Dr. Papanicolaou na primeira página do Atlas original.

Picture 5 Dedicatory of Dr Papanicolaou on the first page of the original Atlas.

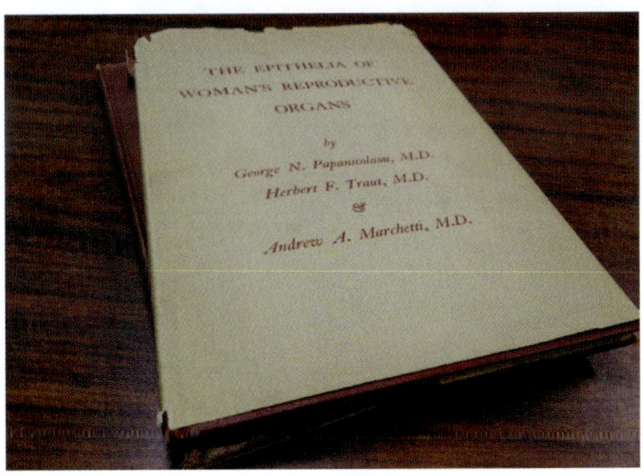

Figura 6 Livro original "The Epithelia of Woman's Reproductive Organs", de Dr. Papanicolaou e Dr. Traut.

Picture 6 Original book "The Epithelia of Woman's Reproductive Organs" by Dr Papanicolaou and Dr Traut.

Figura 7 Grande Cruz da Ordem Real de George I, Rei da Grécia, concedida ao Dr. Papanicolaou.

Picture 7 Grand Cross of the Royal Order of George The First, King of Greece, awarded to Dr Papanicolaou.

Figura 8 Medalha do International College of Surgeons concedida ao Dr. Papanicolaou.

Picture 8 Medal from the International College of Surgeons awarded to Dr Papanicolaou.

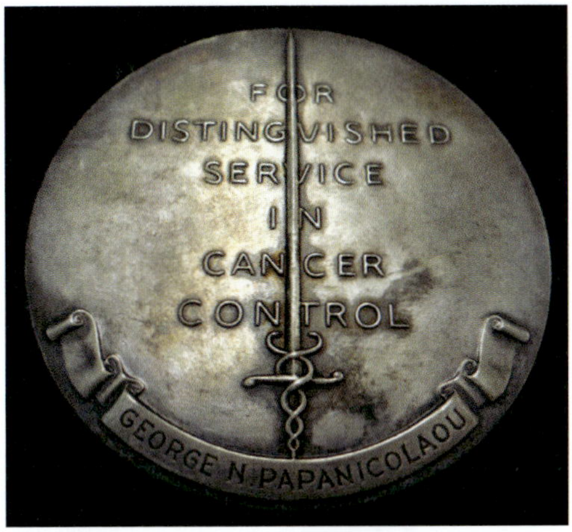

Figura 9 Prêmio da American Society of Cancer.

Picture 9 Award from The American Society of Cancer.

Figura 10 Medalha da Greek Academy of Sciences.

Picture 10 Medal from a Greek Academy of Sciences.

Figura 11 Prêmio Lasker concedido ao Dr. George N. Papanicolaou.

Picture 11 The Lasker Award to Dr George N. Papanicolaou.

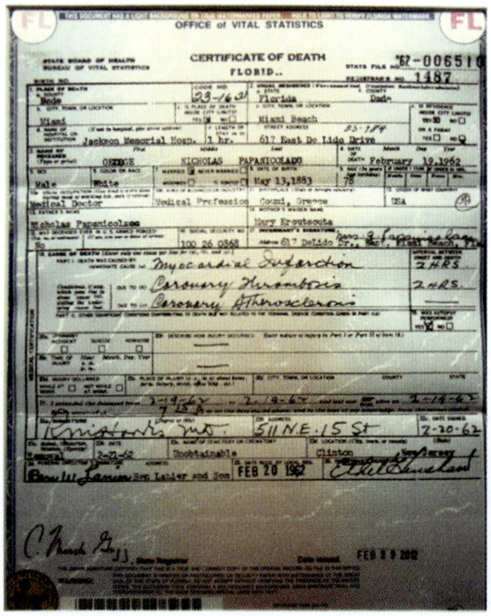

OFFICE of VITAL STATISTICS

CERTIFICATE OF DEATH

FLORIDA

Figura 12 Certidão de óbito do Dr. George Nicholas Papanicolaou.

Picture 12 Certificate of death of Dr George Nicholas Papanicolaou.

Figura 13 Dr. Gibran Daher e Dra. Rana Hoda no Laboratório de Citologia Papanicolaou no NYPH.

Picture 13 Dr Gibran Daher with Dr Rana Hoda at Papanicolaou Cytology Laboratory at NYPH.

Figura 14 Dr. Gibran Daher e Dra. Rana Hoda com a equipe do Laboratório de Citologia Papanicolaou no NYPH.

Picture 14 Dr Gibran Daher and Dr Rana Hoda with Papanicolaou Cytology Laboratory's team at NYPH.

Figura 15 Dr. Gibran Daher ao lado do busto do Dr. Papanicolaou no Weill Cornell Medical College.

Picture 18 Dr Gibran Daher beside Dr Papanicolaou's bust at Weill Cornell Medical College.

Figura 16 Dr. Gibran Daher revisando algumas lâminas no Departamento de Patologia do New York Presbyterian Hospital.

Picture 16 Dr Gibran Daher reviewing some slides at the Department of Pathology at New York Presbyterian Hospital.